LOS ENREDOS DE LAS TARJETAS DE CRÉDITO

Consejos cómo utilizarlas eficazmente

Emerson Hernández

DEDICACIÓN

A mi madre y hermanos por su inmensa paciencia y amor.

CONTENIDO

AGRADECIMIENTOS

Mi agradecimiento, en primer lugar, a Dios, a mi familia. Nuestras innumerables discusiones sobre todos estos temas a cualquier hora del día, me hicieron tomar conciencia de lo importante que es exponer concisa y claramente las ideas. En particular quiero agradecer a mi madre por haber dado muchísimos ejemplos de lo que debe de ser un buen administrador, y a mis hermanos a quienes expuse mi interés en este "enredo

$\pm Uno$
LA INTENCIÓN DE ESTE LIBRO

Quiero comenzar narrando lo siguiente: me levante temprano por la mañana, prendí la televisión y me encontré con una gama de programas tipo entrevista, pase de un canal a otro, buscando un tema interesante, la sorpresa para mí fue encontrar un programa de TV tipo foro donde se discutía sobre las tarjetas de crédito.

En ese programa se discutía como el gobierno intervendría en el proceso de las tarjetas de crédito por medio de la actualización o modificación de la ley ya existente, para favorecer a los consumidores. Los protagonistas del programa eran dos diputados oficialistas y un empresario, este último defendía a su modo de ver las cosas lo ya establecido por la ley; él se percibía a través de la pantalla de la televisión, una persona serena y centrada, en su mano sostenía la Ley de Tarjetas de Crédito y citaba los artículos a los congresistas en la mesa principal lo que ya estaba establecido. Particularmente los congresistas entre ellos una dama, respondían agobiados y sus comentarios en ocasiones eran sin sentido. No estoy narrando para juzgar si hicieron bien o mal su participación en el foro pero lo que note taxativamente fue la conclusión que llegan al terminar su exposición, al decir: — "todo esto está enredado". En ese momento me encontraba escribiendo este libro y de allí el título de esta obra "Los enredos de las Tarjetas de crédito".

El motivo de este libro, simplemente conocer sobre este tema tan importante, además de utilizar las tarjetas de crédito de una forma práctica, no terminar argumentando "esto está enredado" como los congresistas de la historia. Poseer los conocimientos para ejercer los derechos ante cualquier situación que se presente en el uso de ellas, recordemos que somos los clientes de los bancos y de las empresas financieras que prestan sus servicios a nosotros, esto no debe dar a lugar para que seamos esclavos literalmente de ellos, ¿Por qué incluyo esta palabra? Porque una persona sometida a no salir de una deuda se convierte en esclavo, es decir, tiene dueño, trabaja u obtiene ingresos para su dueño.

Particularmente, recomiendo esta lectura para personas responsables en el tema. Yo sé que usted es responsable, es por eso tiene la delicadeza de leer este libro, y ¡qué bueno!, desde ya lo felicito; pero en ocasiones no explican bien o estamos muy ocupados y al no tener conocimiento nos enredamos en procedimientos y metodología que generan dudas y hay que desenredar esas dudas.

Si me permite quiero citar la Biblia, en este libro encontramos grandes consejos y particularmente en Juan 8:32 cito el siguiente verso: "y conoceréis la verdad, y la verdad os hará libres." Que importante es aprender a indagar. Este verso nos impulsa a tener conocimiento, explica que a través de cualquier medio llegara la verdad, pero no quiero caer en pensamientos científicos de ¿Qué es la verdad?, creo que sería tema para otro libro.

Lo que quiero es que usted comprenda, lo

importante de aprender y obtener conocimiento. Recordemos las palabras de sir Francis Bacon, excanciller de Inglaterra y célebre filósofo, se le atribuye la frase: "el conocimiento es poder", es decir, que no podrán engañarte fácilmente, lo que aprendemos servirá para siempre y tendremos la facilidad de generar ideas, opiniones que las demás personas ignoran, esto nos hace más astutos en la toma de decisiones.

La situación más común y todos los que portamos una tarjeta de crédito es terminar al fin de mes sin completar el pago de la tarjeta de crédito, y caer en las zarpas de la deuda.

Con palabras sencillas, brindo en este libro una serie de consejos y enredos que te ayudaran a entender más claramente todo lo relacionado con las tarjetas de crédito, algunos datos interesantes, como ser: el origen de las tarjetas de crédito, y consejos generales para la administración de los ingresos.

Mi experiencia laboral abarca las instituciones bancarias, he trabajado muy cercanamente con clientes, proporcionándoles consejos, como a mis amigos y familiares.

Este libro está dirigido para todos los que portamos una tarjeta de crédito, personas interesadas en aumentar sus ingresos y disminuir el gasto. En el fondo se trata que las tarjetas de crédito en ocasiones se administran de manera errónea, convirtiéndose en la principal fuente de deuda para muchos.

Hoy vivimos en una economía donde utilizar las tarjetas de crédito que ofrecen las instituciones bancarias, puede ser una alternativa o solución para los problemas financieros de nuestros hogares.

Las tarjetas de crédito pueden ser en algunos casos de gran beneficio, por ejemplo en épocas de incidencia, creo que a todos nos ha tocado alguna vez salir de emergencia a la medianoche o por la madrugada, pero es frustrante no tener disponible un seguro médico o no ha llegado el final del mes para que acrediten nuestro salario (estoy hablando a personas que vivimos de nuestro trabajo diario) no hay más remedio que utilizar nuestra tarjeta de crédito, esto se convierte en un gasto que no encontraba presupuestado.

En este libro abarcaremos temas que son esenciales para el uso de las tarjetas de crédito, por ejemplo nuestros hábitos de compra, así como, ¿es un gasto o una inversión lo que compramos?

El uso de las tarjetas de crédito se relaciona muy estrechamente como se encuentra nuestra economía hogareña, es decir ¿necesitamos una tarjeta de crédito? Si la respuesta es positiva entonces la necesitas, es sencillamente por el estilo de vida que llevas y el entorno. Tampoco hay que satanizar las tarjetas de crédito, hoy en día compramos por Internet, pagamos los servicios públicos, bueno, realizamos casi todo tipo de transacciones, se ha llegado a un punto que la globalización nos obliga a utilizar este recurso.

Lo que nunca preguntamos a los emisores de estas tarjetas o a las instituciones bancarias, es el riesgo que puede causar al no administrarlas correctamente, es decir, un problema de deuda; claro, los bancos no responderán, me imagino que nos comentarán: "es la séptima maravilla del mundo que todo estará muy bien", "gaste no hay problema", "nosotros somos sus avales."

Aunque ahora algunas instituciones bancarias están implementando "la responsabilidad social", como una contribución social activa voluntaria de parte de la institución hacia la comunidad. (Anuncios como administrarla, en realidad son pocos los bancos que lo hacen).

En el pasado cercano para obtener una tarjeta de crédito, se realizaba una compleja tramitología donde se solicitaba todo tipo de referencias, ahora su uso es tan popular que los trámites engorrosos desaparecieron, la razón una simple ecuación económica: dinero + dinero = más dinero, esa es la función de los bancos obtener utilidades o ganancias de nuestro dinero, pero ese ya es otro tema financiero. Encontramos otros factores como ser el exceso flujo de efectivo que somete a las instituciones bancarias a disminuir sus tasas y otorgar crédito.

La fama de las tarjetas de crédito ha traído como consecuencia que la mayoría de los hogares utilicen el dinero plástico.

No hay que perder de vista, "en la vida hay riesgos". La realidad nos demuestra que los riesgos son parte de la vida, hasta las actividades más simples que realizamos encontramos riesgos; si usted evita los riesgos, entonces no realiza lo que apunto a continuación:

Conducir un automóvil. Son la causa del veinte por ciento de los accidentes fatales.

Viajar por aire, tren, agua. El dieciséis por ciento de todos los accidentes ocurren en esta actividad.

Caminar por la calle. El quince por ciento de todos los accidentes ocurren allí.

Te imaginas todo lo que puede suceder. A mis hermanos les fascina jugar fútbol, ¿cuál sería el riesgo que ellos tendrían? El riesgo seria que en el trascurso del partido, ya para anotar el gol triunfador, alguno de ellos se ocasione un esguince de rodilla, y no pueda anotar hacia la meta, esa sería una terrible situación, con ello las consecuencias para mencionar, no tendría movilidad dependiendo del accidente dificultad para realizar las actividades normales hogareñas o de trabajo.

De igual forma actúan las tarjetas de crédito cuando no podemos pagar la deuda, hay consecuencias, en primer lugar, desequilibramos el presupuesto familiar por no administrarlas correctamente, generamos inestabilidad hasta el punto emocional, nos peleamos con todos los miembros de la familia. ¿Le ha sucedido?

Es cierto que usted corre el riesgo de fracasar si intenta algo audaz, pero solo de esa forma, cayéndonos y volviéndonos a levantar es como desarrollamos nuestro potencial. Pero también corremos el riesgo de fracasar si nos mantenemos inactivos y no intentamos nada, es fatal quedarnos quietos y no movernos hacia donde queremos llegar, nuestra meta.

Me recuerdo en mis años de estudios universitarios en tener una meta de graduarme de licenciado en Administración de Empresas, hoy lo he logrado. Es difícil comenzar algo nuevo, tenemos la percepción de ese desafío como una colina cuesta arriba, pero si tenemos un objetivo, estoy seguro de eso, llegaremos a la meta. Es por esa razón que este libro le explica a usted como mejorar eficazmente el uso de su tarjeta de crédito.

Entonces usted me dirá ¿cuál es el riesgo de las tarjetas de crédito?, yo le respondería el crédito, ¿qué es un crédito? Le diré la definición en palabras sencillas: te prestó dinero, pero me devuelves con intereses a un plazo de tiempo determinado. Es allí donde radica todo el problema, ¿conoce las tarjetas de débito? Creo que en su billetera o monedero tiene más que alguna, ahora, no es como una tarjeta de débito que al realizar la transacción o compra, se rebaja automáticamente de la cuenta de ahorro, quisiéramos que las tarjetas de crédito fueran así, lo que compramos sea rebajado de algún lado y no realizar ningún pago.

Las tarjetas de crédito, se han creado como un elemento para la operación (transacción) de todo tipo de operaciones comerciales, desde comprar un pasaje de avión hasta compras al supermercado, ahora se utiliza para obtener casi todo.

Entonces, las instituciones bancarias llaman internamente a la tarjeta de crédito: "El plástico", porque es sencillamente un pedazo rectangular fabricado por plástico; Recordemos que hoy en día, ya no es un símbolo de posición social o económico, sino un sustituto del tradicional dinero en efectivo.

Como la tarjeta de crédito, es un crédito, se puede apreciar problemas de percepción en cuanto como observamos nuestro comportamiento de compra, es decir, todo lo que se compre, se tiene la obligación de pagar, "NADA ES GRATIS", si no se paga a tiempo los intereses son altos, mayores que los créditos ordinarios de la banca, (préstamos personales, entre otros) al no tener control de sus gastos, se puede caer en pagar el triple de lo que costó el artículo o servicio en la tienda.

Las tarjetas de crédito, son los instrumentos más eficientes para la agilización de la dinámica comercial, ya que se han constituido en un elemento casi indispensable para el manejo de todo tipo de operaciones comerciales.

Las tarjetas de crédito permiten la realización de cualquier tipo de adquisición de bienes o servicios tanto en lo nacional como internacional; además existe una amplia variedad de tarjetas destinadas a usuarios particulares, en mi caso una internacional con bajos cargos bancarios.

Según los bancos, no hay una cultura de ahorro, lo que obliga en cierta medida a solicitar préstamos y utilizar las tarjetas de crédito, al leer esto en un periódico local, pensé: "en ocasiones es difícil ahorrar, cuando los ingresos son muy bajos o no se tiene una cultura de ahorro" pero si es posible, comenzar con apertura una cuenta de ahorro y comenzar a depositar un valor mínimo y luego aumentar ese valor.

De manera general, el aumento de la población y el aumento del consumo, y las técnicas mercadológicas por parte de las empresas emisoras, hacen propicio el uso de las tarjetas de crédito.

Por esta razón, la creciente e imparable difusión, las ha convertido en un instrumento indispensable en la ejecución de todo tipo de transacciones.

Le invito a seguir leyendo e informarse claramente sobre todo lo relacionado sobre este tema de las tarjetas de crédito.

±*dos*
¿CÓMO COMENZÓ TODO?
LAS TARJETAS DE CRÉDITO

En el principio creó Dios los cielos y la tierra.
Y la tierra estaba desordenada y vacía, y las tinieblas estaban sobre la faz
del abismo, y el Espíritu de Dios se movía sobre la faz de las aguas.
—Génesis 1.1-2RV

De donde proviene todo esto de las tarjetas de crédito, partimos con un poco de historia, todo está enmarcado en una concepción del ser humano a través del tiempo, sus necesidades de existencia; desde el principio el ser humano, comenzó con las transacciones comerciales para su supervivencia, realizaron hallazgos como el fuego, la cacería, el vestido, entre otros conocimientos; además se encontró con más necesidades, de acuerdo a como se desarrollaba en su ambiente, esto dio lugar al trueque.

El intercambio de bienes fue uno de los primeros medios económicos para resolver las necesidades del ser humano.

La primera condición para que exista intercambio de bienes, es la capacidad de producir excedente. El excedente es una parte de la producción que no se necesita consumir. Si una sociedad dispone de excedente, puede intercambiarlo por algún producto que posea otra sociedad (y que tampoco necesita consumir).

En la más remota prehistoria, cuando los hombres se dedicaban a la caza y la recolección, la producción de excedentes era casi nula. Además, por las características de sus productos, esos excedentes no se hubieran podido almacenar. Pero desde las primeras actividades productivas, el excedente permitió emprender el hábito de intercambiar productos.

Las primeras formas de comercio entre los hombres consistieron justamente en el intercambio de productos mano a mano: lo que uno tenía y no necesitaba, se cambiaba por lo que el otro tenía y no necesitaba. Esa forma de intercambio se denomina trueque.

A través de las diferentes épocas, las personas han desarrollado medios de pago, para su desarrollo comercial como también como sustento para sus hogares, por ejemplo: el desarrollo de las actividades comerciales y el intercambio de productos acarreados y llevados a largas distancias propios de la Edad Moderna europea, hizo necesario el desarrollo de nuevas técnicas que facilitaban el uso del dinero.

Muchas de estas técnicas fueron en realidad apropiadas por los europeos, a partir del siglo XV, de otras regiones en las que existían con anterioridad, por ejemplo: las letras de cambio existían en el mundo árabe musulmán desde el siglo X, estas surgieron porque en diferentes lugares se utilizaban diferentes monedas.

Con estos documentos se garantizaba que la persona lograra cobrar una deuda en un lugar lejano, con la moneda de su lugar de residencia pero por un importe equivalente a la moneda del lugar en el que se había realizado la venta.

Otra novedad europea del siglo XV fueron los billetes a la orden (o sea, órdenes de pago para determinada persona) que dieron origen al cheque, este evitaba que la persona tuviera que caminar por la calle trasportando dinero, por lo que permitía comerciar con mayor seguridad.

El dinero real se encontraba depositado en un banco y el cheque permitía a quien lo había recibido extraerlo cuando quisiera.

A partir del siglo XVI se generalizó el uso de monedas de plata debido a la gran cantidad de ese material extraído de las minas americanas. Más tarde, a finales del siglo XVIII surgió el papel-moneda, o sea, el billete actual. También fabricado por el Estado con exclusividad, su aceptación es forzosa (o sea, ningún comerciante puede exigir el pago en oro o en plata; se debe aceptar el billete de curso legal).

En la actualidad, se ostenta un notable cambio en lo relativo a los mecanismos de crédito y de pago utilizados en la actividad mercantil.

La letra de cambio precede la aparición de los demás títulos de crédito, al incorporarse en ella una prestación consistente en pagar una suma de dinero, generalmente, facilitando la concesión del crédito y el descuento que convierte la prestación futura en presente.

A pesar de que en nuestros días el empleo del cheque, de la letra de cambio y del pagaré sigue siendo una práctica regular en el comercio para satisfacer necesidades de pago y de crédito.

Desde unas cinco décadas a esta fecha, se ha desarrollado una forma de crédito diferente: la tarjeta de crédito cuyo uso resulta cada vez más masiva.

La visión y meta de los emisores de las tarjetas de crédito en el futuro es reemplazar los cheques y el efectivo, convirtiéndose así en el principal sistema de pago global del consumidor.

Las tarjetas de crédito se han convertido en un sistema de pago de casi obligada aceptación en la compra de bienes y retribución de servicios, como anteriormente se ha mencionado; algunos autores señalan, "ha sido el último paso en la evolución histórica de los medios de pago", entendiendo esta expresión genéricamente como elemento movilizador de la riqueza.

±tres
UNA BREVE SÍNTESIS
DE HISTORIA

Quizá la más grande lección de la historia es que nadie aprendió las lecciones de la historia.
—aldous huxley

Que le parece si conocemos una síntesis histórica de las tarjeta de crédito, revisamos el pasado para comprender claramente sobre este tema interesante.

Anteriormente, comentaba acerca de lo que es el trueque y como este sistema de intercambio de mercancías impulsó al hombre a solicitar crédito para sus actividades agrícolas a otras personas.

El hecho descrito constituye un caso clásico de intermediación financiera que ilustra claramente el proceso de atracción de recursos monetarios.

La intermediación financiera es entendida como el simple traslado de fondos del público a los clientes del banco.

Es importante observar que hace 4000 años quedo definidas las principales funciones de una intermediaria financiera, las cuales fueron:

Custodia de fondos,

Trasferencia de fondos y

Autorización de crédito.

La intermediación financiera apareció y floreció en diferentes regiones a medida que las actividades agrícolas o comerciales se fueron arraigando y generalizando en diferentes partes del mundo.

A través del tiempo surge la banca moderna con instituciones que ejercían la intermediación monetaria atendiendo a todo cliente que se acercara, en su mayoría, a título individual.

Otras industrias, aparte de la financiera, daban origen a nuevos sistemas de concesión de crédito, de trasferencia de fondos y de uso de medios de pago.

Durante la época colonial, en los Estados Unidos, surgió el crédito para compras al detalle como resultado de la escasez de circulante.

En el año 1914 Western Unión emitió la primera tarjeta de crédito al consumidor, pero en particular a sus clientes preferenciales.

Varias empresas como hoteles, tiendas por departamentos y compañías gasolineras emitían tarjetas de crédito para sus clientes.

Después de la Segunda Guerra Mundial,

surgieron con renovado ímpetu nuevas tarjetas. Pero solo fue hasta 1950 cuando salió la tarjeta Diners Club, que una misma tarjeta de crédito fue aceptada por una variedad de comercios.

En 1951, el Franklin National Bank de Long Island, Nueva York, emitió una tarjeta que fue aceptada por los comercios locales. Sin embargo, como estas solo funcionaban para un área de la banca local, "muy pocas podían generar suficientes ganancias para los bancos, por lo que muchos desaparecieron con la misma rapidez con que surgieron".

Basados en esas pioneras, los bancos locales de los Estados Unidos de Norteamérica incursionaron en expedir sus propias tarjetas de crédito como sustitutas del cheque.

En los años 60 se ofrecía nuevas

modalidades de pago diferidos en los saldos a pagar, lo que ofrecieron ingresos adicionales y mayor rentabilidad a los bancos, los cuales unidos en asociaciones o mediante convenios en todo el territorio norteamericano expandieron las tarjetas de crédito en común, creando un sistema de carácter nacional, dando surgimiento las que hoy son grandes firmas de tarjetas que operan bajo los nombres de MasterCard Internacional y Visa Internacional.

En el caso de Visa, sus antecedentes se remontan al año 1958, cuando el Bank of America comenzó a emitir la tarjeta de crédito Bank American Card en los Estados Unidos.

En otros países del mundo, nuevos programas de tarjetas eran lanzados, manejados siempre por bancos o por asociaciones de instituciones financieras, creando así sistemas mundiales de tarjetas bancarias de crédito.

La creación de la tarjeta bancaria de crédito no es más que el último dado en la cadena evolutiva del intercambio de valores.

Además, que cumple con las tres funciones principales de una intermediaria financiera, ya que transfiere fondos; es un instrumento de créditos y bajo los aspectos de seguridad contribuye a llenar la función de custodia de valores.

También es un hecho, debido al avance tecnológico y al crecimiento del mercado, las tarjetas de crédito han dejado de ser un instrumento solo para personas de una clase social para introducirse en el mercado de las masas, lo que ha creado un aumento en las operaciones mundialmente.

Existen distintos tipos de tarjetas por su naturaleza y su objetivo final. El primer género de estas se divide en locales e internacionales, dependiendo del alcance que posean en cuanto a su capacidad de realizar transacciones en moneda diferente a la del país de origen.

En general, las tarjetas de crédito internacionales, pueden utilizarse en la compra de artículos en cualquier país del mundo en forma física o presencial o por medios electrónicos (Internet), mientras que las tarjetas de crédito local se limitan a la realización de transacciones meramente en la moneda y país de su emisión.

Las tarjetas de crédito de forma local o internacional, se definen como las que permiten al usuario pagar los consumos realizados a través de ella, ya sea por medio de plazos mensuales y/o una línea de crédito giratorio con el límite establecido por el ente emisor.

Si se paga el monto adeudado completo al final del mes, no se cobran intereses.

Sin embargo, si resta un saldo acreedor al banco, este cobra los intereses a una tasa anual preestablecida, la cual difiere de acuerdo con la institución emisora.

Dentro de este grupo también están las tarjetas premier o platino, las cuales son iguales a las anteriores, pero con límites mayores de crédito, además de ciertos tipos de preferencia. Estas pertenecen cada vez más a un reducido mercado de usuarios dentro del mercado total de tarjeta habiente. Otro tipo son las Tarjetas Corporativas que se emiten a favor de una compañía o institución, se pueden adquirir artículos solo dentro de la empresa emisora de la misma.

Una breve síntesis de historia acerca de las tarjetas de crédito, es importante conocer este tipo de datos para comprender como funcionan. En el siguiente capítulo analizaremos lo que es un gasto o una inversión.

±*cuatro*
¿GASTO O INVERSIÓN?

"Compra solamente lo necesario, no lo conveniente. Lo innecesario,
aunque cueste un solo céntimo, es caro"
— *Séneca*

¿Gasto o inversión?, una muy buena pregunta, lo que compramos ¿En qué lugar lo clasificamos? ¿Cómo un gasto o como una inversión para nuestros hogares? Antes de proceder con el siguiente capítulo "Mi habito de consumo ¿debilidad o fortaleza?", analizaremos estos dos factores que influyen en nuestras compras y en este caso a través de las tarjetas de crédito.

Este planteamiento genera en cierta medida para nosotros mismos, la palabra autorregulación, es decir, la capacidad de regularnos a nosotros mismos, basándose en la inspección y monitoreo consciente.

En el momento cero, el momento de la compra, es normal que en ese momento las emociones nos traicionen, somos personas emocionales, es parte de nuestra naturaleza, pero podemos controlar esas emociones.

Conozcamos el momento de la compra, ya sea en la tienda, en el cine, o en otros establecimientos lo que es un gasto o una inversión ¿Por qué? Porque conociendo este tipo de definiciones podremos ahorrar dinero y no llegar al final de mes ajustados. ¿Pero realmente usted conoce la diferencia entre un gasto y una inversión? Se la explico a continuación con las siguientes preguntas:

Comprar una casa, ¿Es un gasto o una inversión? ¿Comprar platos de porcelana fina?, ¿pagar la educación de tus hijos?, estos son algunos ejemplos variados que las personas dicen que son una inversión y gastos, pero hay que discernir entre una inversión y un gasto para saber exactamente lo que es.

Una inversión es cuando utilizas tu dinero en un producto o actividad con el objetivo de generar más dinero o una utilidad futura, todo lo demás es gasto. Entonces, conociendo esta definición clasifiquemos los artículos anteriores; una casa es una inversión, si, porque nos genera una utilidad futura, la casa genera plusvalía e incrementa su valor en activos, la porcelana fina es un gasto, solo se utiliza una vez al año o queda engavetada durante muchos años, la educación de nuestros hijos es una inversión, de eso no hay duda.

Usted debe de tener siempre claro a la hora de controlar su economía familiar, estos términos.

EMERSON HERNANDEZ

Ya conocemos la diferencia entre un gasto y una inversión, te será más fácil distar al momento que realices alguna compra.

Diferenciar el gasto de una inversión es la clave para incrementar consistentemente tu capacidad económica. Cuando no analizas como gastas tus ingresos, corres el riesgo de ocupar tu presupuesto en conceptos que no ayudarán el futuro de tu patrimonio.

±*cinco*
MI HÁBITO DE CONSUMO
¿DEBILIDAD O FORTALEZA?

Quien compra lo superfluo no tardará en verse obligado a vender lo necesario
—Benjamin Franklin

Día a día decidimos que comprar, semanalmente o quizás quincenalmente. Acudes al supermercado para comprar lo que necesitas en tu hogar. Es importante que reflexiones acerca de cuantas veces has deliberado tus hábitos de compras y si realmente escoges opciones que te ayudan a mantener sana tu economía familiar.

Trata de tener en mente que en muchas ocasiones la publicidad te genera necesidades que no son reales o prioritarias en tu vida; por esta razón es conveniente, que establezcas tus prioridades y analices la forma en que gastas tu dinero, procurando que en todo momento seas objetivo, con el propósito de mejorar tus finanzas.

Analizar lo que consumes anualmente es de gran ayuda, no solo te permite presupuestar, sino también que encuentres alternativas que se adapten a tu forma de vida.

Es decir, si procuras decidir analíticamente lo que consumes, podrías disminuir tus gastos y obtener más provecho de las compras.

Te indico algunas recomendaciones que te permitirán analizar tus hábitos de consumo y generar un ahorro:

Recuerda que cuando compras algo, afecta directamente a tus finanzas. Por eso, debes buscar las opciones que te ofrezcan más a cambio de tu dinero.

En las épocas especiales como Navidad, Día del Amor y Amistad, Semana Santa, etc., en las que el consumo tiende a verse favorecido por el ambiente social, analiza con tiempo las decisiones sobre las compras que vas a realizar. Recuerda tu presupuesto e intenta respetarlo.

Tus compras deben ser guiadas por la razón y no por las emociones del momento, para que tus finanzas personales estén en buenas condiciones.

Trata de reflexionar con tu familia sobre tus hábitos de consumo por ejemplo el pago de servicios públicos como la luz eléctrica, el agua potable, servicio telefónico, etc. ¿La cantidad que pagas por el servicio de energía eléctrica mensualmente es adecuada o podrías mejorar tus hábitos para disminuir el monto que pagas?

Cuando vayas al supermercado trata de llevar una lista previamente elaborada en tu casa; de esta manera te concentras específicamente en comprar lo que necesitas y evitarás llenar la carreta de cosas innecesarias.

Debes consumir responsablemente y destinar una cantidad al ahorro para alcanzar los objetivos que te has establecido.

Procura ahorrar en tu gasto diario y mensual, ya que es vital hacer crecer tu patrimonio. La decisión de ahorro debe ser parte de tus actividades diarias. Es decir, si decides dejar a un lado los gastos innecesarios para destinarlos al ahorro, al final del mes tendrás una cantidad mayor de la que te habías establecido.

±seis
LOS RIESGOS VS. BENEFICIOS

"Si tomas riesgos, podrías fallar. Pero si no tomas riesgos, seguramente fallarás. El riesgo mayor de todos es no hacer nada."
—Roberto Goizueta

Gracias por acompañarme a este punto de la lectura. En este capítulo, quiero exponer acerca de los riesgos y beneficios de las tarjetas de crédito, y para esto debemos de conocer los conceptos de estas dos palabras que son de importante interés, anteriormente te comente sobre los riesgos de una forma general, ¿te recuerdas del juego de futbol de mis hermanos y las estadísticas? En este capítulo ampliaremos pero de una forma más clara, relacionado con las tarjetas de crédito.

Comencemos con la palabra riesgo. El riesgo es la vulnerabilidad ante un posible o potencial perjuicio o daño para las personas, organizaciones o entidades. Dado este concepto encontramos algunos posibles riesgos de las tarjetas de crédito, en primer lugar:

La posibilidad de fraude

El fraude consiste en que una persona obtenga de otra un beneficio, se haga de una cosa o un lucro tras aprovecharse de un error o mediante engaños. Por ejemplo la clonación de tarjetas.

No usar dinero en efectivo

Se puede llegar a comprar más cosas de manera compulsiva.

Productos más caros

Suele ocurrir que los productos que se compran con tarjetas son más caros, ya que se le suma el interés y los gastos propios que tienen cada una de la tarjeta al no pagar de contado.

Cargos adicionales

Los cargos adicionales que tienen las tarjetas de crédito suelen ser muy costosos: Cargos por atraso en los pagos, excederse en el límite de crédito o de compra, cargos por renovación de la tarjeta, cargos por reemplazo de tarjetas perdidas, cargos por tarjetas adicionales.

Abuso de confianza.

Este punto puede aparecer en el momento de comprar en páginas no muy seguras en Internet. Es importante que al realizar una compra verifica la seguridad y confianza de la página.

Leer las letras pequeñas.

Recordemos que debemos leer el contrato dado por la institución que proporciona la tarjeta de crédito, para que después nos digan: "lo decía el contrato".

Manejo de cuenta.

Es necesario conocer que las tarjetas de crédito no son artefactos o una llave mágica que atiende sus necesidades, el costo de una tarjeta puede ser excesivamente alto, ya que los intereses en algunas son bastante elevados.

Los posibles cambios socio económico del país.

Encontramos factores externos que no controlamos y que pueden traer desventaja. Por ejemplo la inflación.

Riesgo cambiario.

Recordemos que si utilizamos una tarjeta internacional, estamos sujetos a la tasa cambiaria del Banco Central de cada país, por lo que se ve aplicado por el valor de cualquiera de los dos precios de las monedas y los determinantes de estas.

Estos factores pueden ser algunos tipos de riesgos de las tarjetas de crédito, claro que pueden surgir otros tipos de riesgos de acuerdo cómo evoluciona la tecnología o los mercados.

Contrastemos, el riesgo con el beneficio. ¿Qué es un beneficio? Analicemos el siguiente concepto general de beneficio: bien que se hace o se recibe. A partir del concepto encontramos dos claves importantes en primer lugar: ayuda a los consumidores como mecanismo de pago y, a su vez, es un gran impulso a la economía del país.

Al investigar sobre los beneficios de las tarjetas de crédito encontré que las instituciones bancarias, ofrecen diferentes beneficios, algunos de ustedes me dirán —

está bromeando— analicemos esto más profundamente.

Se dividieron en dos tipos:

Beneficios de tipo internos y;

Beneficios de tipo externos

Los beneficios de tipo internos son los que otorga la institución bancaria, es decir, los natos de la tarjeta de crédito.

Entre ellos encontramos los más significativos:

Crédito de 30 días, automático y sin intereses.

Crédito a mediano plazo sin intereses.

Adquirir bienes y servicios hasta los límites de crédito.

Dinero en efectivo de los cajeros automáticos.

Facilidad de financiamiento.

"Tengo que recalcar que no estoy dando

publicidad a ninguna tarjeta o institución bancaria."

Los beneficios de tipo externo, son los que la tarjeta de crédito otorga al utilizarla correctamente ante la sociedad.

Entre los más significativos:

Confiere al usuario prestigio y confiabilidad.

Permiten la verificación y el control del balance de los gastos realizados.

Crédito en otras empresas.

Existen otros beneficios que pueden derivarse de un buen historial crediticio o por el pago oportuno de la tarjeta, dependiendo de la institución bancaria. Además, la mayoría de las tarjetas de crédito tienen aceptación internacional.

±siete
LA DEUDA

"Debo, no niego; pago, no tengo."
—anónimo

Todos repensamos en esa palabra, cuando miramos el estado de cuenta del banco y decimos —"no lo puedo pagar, voy a ver qué hago", o nos llaman por teléfono señalando que tenemos un saldo atrasado y que hay que cancelarlo lo más pronto posible y nos llaman y nos llaman hasta llegar a un hostigamiento, lamentablemente hay personas que les pagan por realizar ese trabajo.

Para comenzar este capítulo, empecemos con el concepto de economía, ¿Qué es la economía? Es la ciencia que se encarga de administrar adecuadamente todos los bienes con los que cuenta un individuo y así satisfacer sus necesidades primordiales y/o superfluas y deuda, lo que significa la obligación que alguien tiene para realizar un pago.

Estos dos términos tienen relación entre sí, la economía y el término deuda, si la economía nos dice que se trata de administrar nuestros bienes correctamente, al tener deudas expresa que debemos administrar correctamente nuestras obligaciones.

En este aspecto es significativo aclarar la relación que tiene las tarjetas de crédito en la economía y el manejo de estas. Me parece importante explicar, ¿qué es la economía hogareña?, la economía hogareña, es darle prioridad a las necesidades básicas como son el alimento, vestido y vivienda, y después en gastos no imprescindibles como vacaciones, autos, entre otros.

Aclaremos lo siguiente, ¿qué significa una necesidad y un deseo? Una necesidad se basa en una sensación de carencia unida al deseo de satisfacerla, un deseo es una necesidad que toma la forma de un producto, marca o empresa.

Lo que se crea o fomenta es el deseo. Por ejemplo tengo la necesidad de trasladarme de mi casa al trabajo, lo puedo realizar con diferentes medios, por ejemplo: en bicicleta, por trasporte público, con el automóvil, hasta este punto puedo utilizar dichos medios de transporte y satisfacer mi necesidad, pero llega un punto donde interviene el deseo, es decir, ya no me gusta traspórtame en bicicleta, ni en trasporte público, si no, en un auto del año, la razón un anuncio de promoción o los vecinos tienen un auto nuevo, no estoy señalando que tener un auto del año para trasladarnos al trabajo sea malo, claro que no, lo que quiero aclarar es, ¿lo necesitamos? o simplemente ocupamos el automóvil del hogar donado por el abuelo, o comprado con los ahorros de nuestro primer trabajo, además se encuentra en perfectas condiciones, con reparaciones mínimas, y económico. A esto me refiero.

Etimológicamente la palabra economía viene del latín ecónomos, y este del griego oikonomos, de oikos: casa y nemein: administrador, por lo que un jefe de familia, ya sea el padre, la madre o ambos- son los administradores y responsables de que la economía familiar sea sana y lleve un estricto régimen presupuestal. Y es aquí donde nos interesa, que nuestras economías estén saludables.

Con lo que se acaba de plantear, se da muestra fehaciente como es el manejo de la economía en un país, porque lo que hace un padre de familia de regular, controlar, proveer y satisfacer a sus hijos es lo que realiza un presidente o un primer ministro en su país, ayudado de sus secretarios o delegados que en este caso puede ser el otro cónyuge o alguna persona mayor que viva en casa o en su defecto el hijo mayor que en un momento dado puede llevar el control de la situación como el administrador, en algún momento, si el padre no se encontrara o tuviera un contratiempo.

La microeconomía y la macroeconomía, es decir: si hablamos de nuestro país, la macroeconomía sería la producción nacional, las exportaciones o importaciones, resumiendo, se puede decir que la macroeconomía es lo que incumbe a todo un bosque, árboles, arbustos, y cualquier tipo de planta que habite allí, y también estaríamos hablando de los animales que en este bosque cohabitan.

Pero la microeconomía se refiere al estudio detallado de una sola especie de ese bosque ya sea animal o vegetal, por ejemplo un árbol.

Miremos la microeconomía como la economía familiar y la forma en la cual se puede distribuir adecuadamente y como puede ser atañida por las tarjetas de crédito.

Para nuestros hogares las instituciones de crédito nos brindan diferentes formas de crédito por ejemplo:

Tarjetas de crédito.

Hipotecas

Préstamos personales.

Préstamos para negocios.

Entre otras.

De estas, los hogares utilizan las tarjetas de crédito de forma inmediata como fuente de crédito, por su rapidez en otorgarlas.

Ahora, hay que tener presente ¿qué es una tarjeta de crédito? Una tarjeta de crédito es una herramienta de pago que le brinda acceso a una fuente flexible de crédito.

Significa que tengo que realizar pagos a corto plazo, es decir, menor de un mes, pero comparada con otras formas de crédito, las tarjetas de crédito pueden resultar muy convenientes ya que permiten elegir:

Cuanto gasto.

Qué pago efectuare cada mes, partiendo del nivel de pago mínimo hasta llegar a la totalidad del monto.

Es importante mencionar que las tarjetas de crédito se han convertido en una fuente de financiamiento, y a estas se tiene que poner especial atención y darle la importancia que se necesita.

Conozcamos el pago mínimo, es un monto mínimo a pagar, para mantener la cuenta al día, pero este no reduce el importe total de la compra, en este caso siempre cobran intereses pero la función del pago mínimo, es no caer en mora esto puede repetirse mes a mes y aumentar la deuda, hasta ser impagable.

Deduciendo que tenemos que pensar claramente, en nuestra economía para no caer en deudas, concluyamos lo siguiente, llegamos a endeudarnos por las siguientes razones:

La falta de control de nuestras compras.

Han notado como en temporadas ya sea para Navidad, día de la madre; salimos de casa y nos encontramos que todo está en rebajas y ofertas, pensamos en la tarjeta de crédito y la utilizamos, desconociendo como pagaremos esas compras después que termine la temporada.

Otra razón, no completamos el pago de contado en la fecha máxima de pago como nos indica el estado de cuenta, unos de los errores comunes, es no pagar de contado, claro, usted me diría "si no tengo el efectivo, de todos modos es crédito", si es crédito pero nuestra responsabilidad es cancelar la deuda en su totalidad, el problema se centra en que no nos ajusta nuestros ingresos para el pago total, si usted no cancela esa deuda, le cobraran intereses corrientes, sino se cancela esa deuda en su tiempo, los intereses moratorios más cargos de rehabilitación estarán aplicados en su cuenta, es decir, que si usted consumió $1000.00 ese valor se le trasformara en el doble o más.

Cancelamos solo el pago mínimo.

La trampa del pago mínimo se centra en que usted no paga nada a su deuda, solamente está cancelando los intereses corrientes.

Sobregiramos la tarjeta de crédito.

¡Cuidado!, hay cobros por excedernos del límite de crédito.

No pagamos nada y se acumulan intereses, cargos de todo tipo. (Las llamadas de cobranza)

Además, lo que atañe es que si nunca se usa la tarjeta o se usa poco siempre se paga el costo de la emisión del plástico (le llaman renovación), algunos emisores no lo cobran el primer año, pero si consume con un monto determinado por el banco, puede pedir que le reversen o eliminen ese cobro.

Si no se paga ese saldo, se contabiliza como un crédito caído en mora y se le aplica la tasa de financiamiento del mercado más los intereses moratorios. A quienes no paguen el costo de la tarjeta de inmediato y la usan, los gastos ejecutados con la misma saldrán sobre cargados, de ahí que muchos usuarios arrancan su historial de gastos con créditos altos no contemplados en su presupuesto de pago.

El problema de financiamiento se agrava cuando no se maneja con prontitud las fechas de corte y pagos ¿Qué es la fecha de corte? es el día del mes en que se realiza un corte en la tarjeta para generar su estado de cuenta. Otra definición de la fecha de corte: es un día fijo del mes en el cual el emisor suma todos los gastos ejecutados en el "mes de corte".

Es común pensar que los gastos ejecutados entre el cierre y la fecha de pago se incluyen en la cuota que abona el día de pago cuando esos gastos se acumulan al siguiente corte se aumenta el crédito. De ahí es imprescindible para el usuario estar pendiente de la fecha de corte para programar los pagos y cancelar así la menor cantidad de intereses posible.

El crédito y los intereses se cobran sobre una base anual, sobre saldos insolutos, es decir, el saldo que quede del corte se divide entre los doce meses del año para calcular el pago mínimo al usuario. Si no se cancela la totalidad del saldo a la siguiente fecha de corte se sumará el nuevo consumo más los intereses moratorios para volver a calcular entre doce la nueva cuota mínima de pago. Así cada nuevo consumo se encadena para agudizar el endeudamiento crónico.

De la misma manera, se debe tener cuidado, los emisores cobran recargos como gastos por servicios o manejo de cuenta, comisiones anuales, retira de cajeros automáticos, consulta de saldo, entre otros; Llegamos a endeudarnos con las tarjetas de crédito al financiar una deuda como la compra de un electrodoméstico, cuyo valor sobrepasa nuestros ingresos y pensamos: "en cuotas puedo pagar", se debe estar pendiente ¿cuál es la tasa con la que la tarjeta financia su crédito? Y compararla con la casa comercial donde se desee adquirir el artículo porque muchas veces financiar la compra con la tarjeta resulta mucho más caro que con la comercial, en este caso debemos preguntar a la casa comercial si el financiamiento es sin intereses.

Se ha desarrollado varios puntos generales sobre este capítulo, usted personalmente ha de tener sus propios puntos de vista, pero lo más importante es aplicar las medidas correctivas para salir de las deudas.

Te invito a completar el siguiente capítulo.

±ocho
LOS ENREDOS Y CONSEJOS

"Nunca serás rico si tus gastos exceden a tus ingresos; y nunca serás pobre si tus ingresos superan a tus gastos"
—*Thomas Chandler*

Te felicito has llegado hasta este capítulo, "los enredos y consejos". Según el diccionario la palabra "enredo" significa: engaño o mentira con que se intenta hacer caer en la duda o el error a una persona. En este capítulo enumere algunos dichos que suelen referirse a las tarjetas de crédito, pero no solamente enumere esos dichos que los llamo enredo, ósea lo que no es la realidad sino que, proporciono la solución o un consejo como parte de descubrir lo que en realidad se debe de actuar.

Antes de comenzar, quisiera explicar

acerca de los seguros que brindan los bancos o entes emisores, primero se debe comprender que existen dos tipos de seguros comunes, habrá otros que son particulares de cada emisor o banco. El primero es el FRE (Fraude, Robo y Extravió).

Debemos entender el funcionamiento de este seguro, exigido por parte de los emisores de tarjetas de crédito autorizado por MasterCard, Visa, American Express y Dinner Club. Por el FRE, se debe pagar un valor promedio de $15 a $30 dólares promedio (tal vez sean otros números dependiendo del país de origen) al momento de adquirir la tarjeta.

Este seguro debe ser re-comprado una vez al año y tiene una cobertura de 24 horas, es opcional usted puede pedir suspensión temporal de este seguro y ahorrarnos ese dinero, pero en el caso, que ocurra un robo o extraviemos la tarjeta, todas esas transacciones incurren por nuestra propia cuenta. Le quiero comentar una experiencia, sobre un amigo al momento de solicitar una investigación al banco sobre este seguro de FRE. Salió de viaje profesional, (no me dijo que país o ciudad) utilizaba su tarjeta normalmente, siempre la tuvo a la vista, en unos de los comercios locales, los dueños de la tienda donde mi amigo compro, se dedicaban a la clonación de tarjetas de crédito, la tarjeta había sido copiada para uso fraudulento, el valor de compras dudosas oscilaba entre $1500 a $2000 dólares, mi amigo al momento de darse cuenta sobre esas transacciones fraudulentas, de inmediato comparo sus recibos contra su estado de cuenta y realizo los pagos que él había hecho, realizó el reclamo respectivo y solicitó que le aplicaran este seguro de FRE, (fraude robo y extravío), la institución emisora comenzó la investigación y se comprobó que el hecho de clonación había sido realizado, otorgándole el visto bueno para que el banco absorbiera dichos cargos.

El segundo seguro, es el llamado seguro de deuda, aunque tiene otros nombres, este es obligatorio todos emisores de tarjeta de crédito lo aplican, sirve como garantía por muerte, es decir, no le dejaras deuda a tus familiares.

Quisiera narrarte una pequeña experiencia en cuanto a este seguro, en una ocasión atendí a un cliente que solicitaba el seguro de deuda para su hijo, este fue asesinado, en un país de alta inseguridad, por personas de mal proceder (sicarios), esa ocasión fue terriblemente incomodo para mi escuchar como relataba lo sucedido, el ambiente fue de tristeza, el cliente me comentaba paso a paso como su hijo había sido extinguido de la faz de la tierra, me enseño una foto y el celular que lo tenía en sus manos. Es lamentable escuchar ese tipo de relatos que nos enmudecen y nos hacen pensar en qué mundo vivimos.

Así que, el seguro de deuda o vida es obligatorio lo exigen la mayoría de las instituciones bancarias.

Ya explicamos el funcionamiento de los dos tipos de seguros; una tarjeta de crédito no es una extensión del sueldo, es simplemente un instrumento para poder disponer de cierta cantidad de dinero sin tener que utilizarlo en efectivo. El dinero obtenido es un préstamo que debe de pagarse en un plazo determinado, más una cantidad por intereses o comisiones que tienen que pagarse, como precio para poder adquirir y usar los bienes o servicios sin tener que desembolsarlos en efectivo.

Comencemos con los enredos y sus respectivos consejos, en primer lugar, colocaré una frase que en ocasiones escuchamos acerca de las tarjetas de crédito que pueden confundirnos, seguido por el consejo que aplicaría a esa frase.

Enredo 1

"No importa lo que pague, si no cubro el pago mínimo no importa, estoy abonando"

Consejo:

Se debe procurar pagar por lo menos el doble del pago mínimo requerido para que el adeudo no aumente, pero dejando de consumir al ritmo de aumentar de nuevo el límite de crédito.

Que trato de decir con este anunciado, si usted no puede pagar el saldo total en la fecha máxima de pago, realice un pago que sea el doble del pago mínimo para reducir el adeudo. Hay temporadas donde nos quedamos cortos para cubrir nuestras obligaciones, lo que recomiendo es realizar el pago y dejar la tarjeta en casa.

Enredo 2

"Pagar antes o después de la fecha de vencimiento es lo mismo."

Consejo:

Pagar antes de la fecha de vencimiento es lo correcto.

Lo más lógico que se debe realizar, pagar antes de la fecha de vencimiento como lo indica en el estado de cuenta. El cálculo de los intereses será cero, si pagamos entes de esa fecha.

Enredo 3

"Solamente compre"

Consejo:

Compre pensando en el corte.

Siempre cuando tengo que realizar una compra con mi tarjeta de crédito pienso en el corte a que me refiero, las instituciones bancarias, nos especifican dos tipos de fechas disponibles en los estados de cuenta. Te has preguntado ¿para qué sirven? La primera fecha que reconocemos en el estado de cuenta es la fecha de corte y la segunda fecha es la fecha máxima de pago, la primera fecha como su nombre lo expresa, es un corte o en otras palabras, divide las compras en periodos o fracciones, esto para generar el pago mínimo.

Descubra su fecha de corte, esta se encuentra en los estados de cuenta o pregunte al personal de servicio al cliente del banco.

Ahora le explicare con un ejemplo; si mi fecha de corte es el día 10 de cada mes, esto significa que el sistema bancario, a las 12:00 a.m. del día diez   me generara mi pago mínimo, y pago de contado, el banco me otorga 30 días para pagar; conociendo esa fecha, ya conoceremos cuanto gastamos en el mes. Si compro un celular el día 7 del mes de noviembre, tendré un mes para pagar, es decir, mi fecha de pago será el primero de diciembre; pero si compro el celular el 11 de noviembre mi fecha tentativa de pago sería el primero de enero, tendré 2 meses para pagar debido que el corte de la tarjeta es el diez, en consecuencia, el sistema bancario ya genero el pago mínimo y de contado, por consiguiente, el próximo corte seria el 10 de diciembre para realizar el pago los primeros días de enero.

Observemos las siguientes fechas:

Fecha de compra Fecha de corte Fecha de pago

7 de noviembre 10 de noviembre 05 de diciembre

11 de noviembre 10 de diciembre 05 de enero

En la fecha de compra del 7 de noviembre, mi fecha de corte se aproxima y tendré menor tiempo de pago, mientras tanto la compra después el corte el 11 de noviembre tendré dos meses para acumular el pago de contado.

Enredo 4

"Compremos de todo"

Consejo

Destinar las tarjetas de crédito para compras específicas.

Las compras específicas como su nombre lo indica, es determinar un objetivo de compra, por ejemplo un televisor, un juego de video, si utilizamos tarjeta para realizar todo tipo de pagos será más fácil perder el control en su manejo y se pagará intereses o comisiones por todas las compras y disposiciones que realice y así afectar el control del presupuesto de nuestra economía.

Utilizo las compras específicas pensando en el corte, así estaré comprando un artículo de inversión y dispondré de un tiempo específico para pagarlo.

Enredo 5

"Entre mas limite de crédito es mejor"

Consejo

"Ojo con el límite de crédito"

Creo que ha escuchado esa expresión pero en otros términos, por ejemplo ojo con la sopa, es una expresión popular que quiere decir "cuidado" y en este caso del límite de crédito; El límite de crédito, es ofrecido por los emisores, este se fija de acuerdo con un estudio económico personal que el emisor o banco, realiza del cliente y los comprobantes de ingresos que este haya proporcionado a la institución bancaria.

Usted puede solicitar un aumento o disminución, pero el banco pondrá un límite máximo, puede aumentar dependiendo para pago oportuno, o de su reputación como cliente, según algunas políticas bancarias, el límite de crédito suele aumentar cada 6 meses o 1 año, para algunas personas esto es irresponsabilidad del banco y para otros como un beneficio, en mi opinión, antes de aumentar el límite de crédito, debe tomarse una decisión de mutuo acuerdo entre ambas partes, es decir, con consentimiento del cliente, y no porque se le antojo al banco aumentarlo, si solicitamos $500 dólares de límite de crédito.

Reconocemos hasta ese nivel poder cubrir con nuestros ingresos respectivos los pagos a la fecha de corte; y al encontrarnos un disponible $1000 dólares de más, se puede caer en gastos innecesarios, es decir, gastamos más, cuando tenemos la oportunidad, sencillamente nuestros ingresos no cubren nuestras obligaciones, los analistas financieros indican lo siguiente: si una persona o entidad posee sus obligaciones a corto plazo mayor que sus recursos para cancelar sus deudas, se dice que está en un grado de insostenibilidad económica al no poder hacer frente al pago de dudas. En otras palabras no me ajusta mis ingresos para hacer frente a mis obligaciones.

Enredo 6

"Entre más gasto es mejor"

Consejo:

Conozca su capacidad de pago y no gaste más de lo que pueda pagar.

Si sé, que no puedo pagar ese televisor HD que promocionan en la tienda, porque tengo que comprarlo, conociendo que para el futuro no tendré los ingresos suficientes; prefiero disfrutar de mis programas favoritos en mi televisor convencional (no HD), a estar preocupado y no poder disfrutar del nuevo televisor por estar pensando cómo voy a pagarlo o estar negándome a todos los que llaman a la casa, por el asunto del cobro. Actuemos con sabiduría.

Enredo 7

"El banco me cuida"

Consejo:

Por seguridad, nadie debe conocer el número de identificación personal de su tarjeta de crédito.

Al efectuar retiros de dinero en los cajeros automáticos, procure que sean en días y horas hábiles y nunca olvidar retirar el comprobante de la operación.

Enredo 8

"No sé que es reversión de cargos"

Consejo:

Pida siempre reversión de cargos.

Es importante señalar lo referente a la fuga de dinero en cuanto a los cargos de la tarjeta de crédito y como estos cargos afectan nuestra economía. Para explicar que es un cargo, un cargo es un debito o sea un saldo que debemos pagar, este valor se ve reflejado en el estado de cuenta. En otras palabras son cobros realizados por el banco. Examinemos cuales pueden ser estos cargos:

En primer lugar, un cargo que se debe poner especial atención, es la renovación del plástico. Los bancos cobran por renovar el plástico, esto significa que el plástico tiene una fecha de vencimiento, después de esa fecha no podremos utilizarla, algunos bancos no cobran la renovación, por las compras que el cliente realiza superan un valor promedio.

Enredo 9

"Todo lo voy a pagar como yo quiera"

Consejo:

"Pagar las cuotas pendientes en su fecha de corte es primordial para no afectar su economía."

El no cumplir con las cuotas pendientes de pago sólo causará que la deuda se incremente inmensurablemente, las tasas de interés de la tarjeta de crédito están consideradas entre las más altas hasta un 60% anual comparándolas con otros tipos de deudas.

Enredo 10

"De que me sirve saber la tasa de interés de mi tarjeta de crédito"

Consejo:

Transferir saldos de una tarjeta de crédito con alto interés a otras tarjetas de crédito con un interés menor.

El no cumplir con las cuotas pendientes de pago solo causará que la deuda se incremente inmensurablemente, las tasas de interés de la tarjeta de crédito están consideradas entre las más altas hasta un 60 % anual comparándolas con otros tipos de deudas.

Enredo 11

"Tengo muchas tarjetas y no sé cómo pagarlas"

Consejo:

Solo utilice una tarjeta de crédito.

Referente a este consejo, no recomiendo portar varias tarjetas de crédito, si portamos demasiadas habrá un caos, ¡cómo! —Si un caos—, al llevar consigo muchas tarjetas en primer lugar nos confundimos, pagamos con la tarjeta de color azul claro y era la de azul fuerte, en segundo lugar, nos dirigimos a la ruta de la deuda, en algún momento será insostenible pagar, ya que la suma del límite de crédito de todas las tarjetas sobrepasa el nivel de ingresos mensual. No porte varias tarjetas de crédito, las tarjetas de crédito nos ofrecen muchas comodidades, pero nos endeudan, por el simple hecho de llevarlas en la cartera. Por lo tanto, el truco consiste en portar solo la tarjeta de crédito que se necesita y, si es posible, cancelar el resto de las tarjetas. De esta manera, nos evitamos gastar más de lo que realmente se puede pagar.

Si usted tiene en su billetera muchas tarjetas, es mejor cancelar las tarjetas de crédito con alto interés, es importante que trascurrido un tiempo, se deba evaluar la tasa de interés de cada tarjeta de crédito que se tenga; según estudios las familias tienen en funcionamiento dos tarjetas, lo más aconsejable, es cancelar aquellas que carguen demasiado interés, aún si, ofrecen un excelente programa de premios (puntos, multimillas), pues al final, los premios obtenidos no compararán con los intereses adicionales incurridos.

Enredo 12

"Los recibos de compra no se para que me los dan"

Consejo:

Coteje

Revise, compare, sus recibos con el estado de cuenta bancario, usted será su propio contador, de esta manera, lograra disminuir sus gastos y direccionarlos con lo que en realidad es una inversión. Creemos que los bancos y las empresas de crédito no cometen errores, hay ocasiones que cometen errores, es por esa razón que debemos estar pendientes de nuestro estado de cuenta. Por ello, es mejor tener el hábito de comprobar los gastos que ha realizado con su tarjeta de crédito antes de efectuar el pago.

Enredo 13

"Compre, compre, compre"

Consejo:

No realice compras por impulso

En cuanto el uso de las tarjetas de crédito, cabe mencionar el aspecto psicológico, se puede formular la siguiente pregunta: ¿Realiza compras por impulso? Sí se conoce que ante las vitrinas sufren un frenesí por comprar, es aconsejable no portar las tarjetas de crédito. En todo caso, el portar efectivo, es un buen método para evitar las compras por impulso.

Enredo 14

"No tengo derecho, es crédito"

Consejo:

Reclama tus derechos

Ser consciente de tus derechos, los consumidores tienen derechos. Por ejemplo, si has comprado algo que resulta ser defectuoso, se tiene el derecho de exigir un reembolso o hacer una denuncia a la autoridad estatal competente.

Enredo 15

"No me va pasar nada"

Consejo:

Protegerse del robo de identidad

Proteger la información personal y evitar el robo o clonado de la tarjeta de crédito es responsabilidad de cada uno. Así, por ejemplo, al realizar compras en línea, hay que asegurarse de que la contraparte es legítima antes de brindar cualquier información de la tarjeta de crédito.

Enredo 16

"No me interesa el tema"

Consejo:

Infórmate

La falta de conocimiento sobre el tema, también puede traer efectos negativos en nuestras economías, estudios realizados por las empresas emisoras de crédito coinciden que, la mayoría de las personas que reclaman por la aplicación de cargos tienen muy poco conocimiento sobre la fecha de corte, la fecha máxima de pago, límite de crédito y monto de pago contado, explicado anteriormente.

"Las compras se vuelven más placenteras ya que tu tarjeta se encarga de pagar y tú te preocupas hasta después", es un eslogan que utilizan las empresas emisoras de crédito para atraer a los clientes potenciales; por tal razón antes de adquirir una tarjeta de crédito se tiene que tener mucho cuidado y conocer los beneficios y los riesgos que pueden ocasionar dichas tarjetas.

Es un hecho que las tarjetas son uno de los instrumentos más eficientes para la agilización de la dinámica comercial, ya que se han constituido en un elemento casi indispensable para el manejo de todo tipo de operaciones comerciales y pasando a ser de este modo, ya no solo un símbolo de posición social o económico, sino en un eficaz acompañante y sustituto de la tradicional dinero en efectivo.

No se puede dejar atrás los riesgos que conlleva, la contraparte de los beneficios de las tarjetas de crédito.

En el sentido más básico, riesgo es la posibilidad de pérdida financiera. Según esta definición puede ser peligrosa para los que portamos una tarjeta de crédito, al utilizar estas se pueden encontrar hasta con situaciones desconocidas por el usuario, un riesgo puede estar en el uso en exceso de estos plásticos lo que se convierte en un arma de doble filo.

Estos son algunos enredos, como los llamo, y consejos. Sígalos todos y estará bien encaminado hacia el éxito en las tarjetas de crédito.

±nueve
PENSAMIENTOS FINALES

Hemos llegado al capítulo final, y quiero facilitarte algunos consejos generales, pero que son importantes recalcarlos.

En primer lugar:

Haga un presupuesto, comprométase con usted mismo, plasme algo sencillo no tiene que realizar grandes cálculos matemáticos, solamente calcular anticipadamente cuáles son sus ingresos y gastos del mes, procure que el gasto nunca sobrepase sus ingresos.

Establezca prioridades y evalúe la consecución de sus objetivos, es decir si piensa comprar una tv, pero no tiene nada en la refrigeradora, ¿Qué es lo más importante?

Ahorre, comience con algo mínimo, al final del año vera como crecen sus ahorros.

Si se encuentra en una situación grave de deuda, platique con el banco, solicite que le compren la deuda, pagando en cuotas, algunos bancos brindan este servicio, además que bloquean la tarjeta hasta que cancele el total de adeudo.

Utilice eficientemente los beneficios que ofrece su tarjeta de crédito, por ejemplo puntos, millas para viaje, entre otros.

Piense en su récord crediticio, las instituciones bancarias se comunican entre sí, puede ser que más adelante no le quieran otorgar más crédito.

Espero que este pequeño libro haya sido de ayuda, espero en algún futuro próximo realizar una nueva edición. Quiero agradecerte primeramente por tu lectura, y en segundo lugar haber comprado este libro. Este libro no se trata de cómo ser millonario en tres minutos, o libérese de su deuda en este libro, quiero verlo millonario, sino es regresar a la sociedad un valor extraordinario el conocimiento.

Quisiéramos salir de la deuda como en las películas o encontramos un puñado de dinero, encontrarnos un mago en una botella, pero si estoy seguro que con confianza en ti mismo, esfuerzo y fe, saldrás adelante en lo que tute propones.

###

ACERCA DEL AUTOR

Emerson Hernández es experto en administración, escritor, innovador, negociador. Licenciado en Administración de Empresas. Ha trabajado en instituciones bancarias, además como auditor. Aficionado al arte, el cine, la música, los viajes, la historia, la política, la psicología, los mercados financieros, los libros de negocios, la creatividad, los ensayos, las biografías.